CONSERVATION

DES

FROMAGES DE LA NORD-HOLLANDE

PAR

LE PROCÉDÉ DE M. IRÉNÉE LEYS

FROMAGE HOORNLEYS

DUNKERQUE

Typographie de Vanderest, place Napoléon, 2,

1856.

CONSERVATION

DES

FROMAGES DE LA NORD-HOLLANDE

PAR

LE PROCÉDÉ DE M. IRÉNÉE LEYS

FROMAGE HOORNLEYS

DUNKERQUE

Typographie de Vanderest, place Napoléon, 2.

1856.

CONSERVATION

DES

FROMAGES DE LA NORD-HOLLANDE

PAR

LE PROCÉDÉ DE M. IRÉNÉE LEYS

FROMAGE HOORNLEYS

« Tout ce qui se rattache à l'alimentation publique présente, dans les cir-
» constances actuelles, un puissant degré d'intérêt. LA CONSERVATION DES
» MATIÈRES ALIMENTAIRES *doit donc vivement préoccuper les économistes et les
» savants*. Cette préoccupation se traduisait sous mille formes à l'Exposition
» Universelle de 1855, et le problème de la conservation des produits organi-
» ques s'y trouvait représenté par un grand nombre de tentatives entreprises
» en vue de ce résultat. . . . .
» Librement abandonnée à l'action des influences extérieures, toute partie
» d'une substance organisée qui a cessé de vivre ne tarde pas à se décom-
» poser. Les corps simples qui la constituent, l'*oxigène*, l'*hydrogène*, le *carbone*
» et l'*azote* se dissocient, et, contractant des combinaisons nouvelles, provoquent
» par degrés la destruction du composé primitif . . . .
» Elle éprouve l'*altération spontanée* que l'on désigne sous le nom de FER-
» MENTATION, de *pourriture*, de *putréfaction*, et qui a pour résultat définitif de
» la détruire, en restituant à l'atmosphère et au sol les éléments qui entraient
» dans sa composition.
» . . . . . Mais cette *altération spontanée*, cette fermentation ou putré-
» faction, ne peut se produire que lorsque la sustance organisée est placée
» dans certaines conditions : 1° une certaine chaleur ; 2° la présence de
» l'eau ; 3° la présence de l'air ou de l'oxigène. »

(Louis FIGUIER. — *Les Applications nouvelles de la science.*)

DU FROMAGE HOORNLEYS

ou

De la Conservation des Fromages de la Nord-Hollande

De nombreuses tentatives ont été faites de nos jours pour la CONSERVATION DES SUBSTANCES ALIMENTAIRES, de celles surtout qui sont destinées à l'approvisionnement des navires de l'État ou du commerce, à la consommation des équipages dans les voyages de long-cours, à l'usage des Colonies, et, tout dernièrement, d'un certain nombre de produits destinés à notre armée d'Orient. L'ÉCONOMIE PUBLIQUE s'est enrichie de nouvelles découvertes auxquelles sont attachés les noms de MM. *Appert, Darcet, Gail-Bordeu, Callamand, Cellier-Blumenthal, Lamy, De Lignac, Mabru,* pour la conservation des viandes et du lait, de MM. *Masson, Gannal, Chollet, Morel-Fassio,* pour la conservation des légumes.

Le hasard, l'observation, la science et l'esprit d'entreprise ont admirablement servi cette cause de l'économie publique. *Appert* est le premier qui ait ouvert la voie de ces précieuses découvertes ; les autres (*inventeurs, fabricants, commer-çants, industriels, capitalistes*), l'ont plus ou moins heureusement suivie ; mais leur nombre attestera toujours combien l'on sent, aujourd'hui, l'importance d'une pareille innovation.

Les succès mérités qu'ont obtenus dans leurs entreprises MM. Appert, *pour les conserves de viandes*, Mabru, *pour le lait*, et Chollet, *pour les légumineux*, prouvent surabondamment que cette question est d'un intérêt majeur et général.

Parmi les produits de l'industrie destinés à notre alimentation, les **FROMAGES** de toutes provenances occupent un des premiers rangs ; et les espèces les plus recherchées par le commerce maritime sont naturellement celles qui, par la consistance et la fermeté de leur pâte, peuvent se conserver et résister le plus efficacement aux *influences du temps* et aux *accidents du transport*.

Au milieu de ces espèces, dont le nombre est fort restreint, le fromage de la Nord-Hollande *est, sans contredit, le plus réputé.* Il s'en fait une consommation considérable, son goût agréable le fait rechercher de préférence, et sa nature le rend supceptible de se conserver plus long-temps que les autres. Aussi, pour toutes les marines, fait-il partie des approvisionnements de bord.

Mais ce fromage, dans son état naturel, malgré tous ses avantages et la garantie de conservation qu'il offre à un plus haut degré que tout autre, n'atteint point, sous des influences multiples, la limite désirable ; et les armateurs, les négociants, n'ont cessé de réclamer un perfectionnement à sa fabrication, qui, *sans en altérer la qualité*, en prolonge la conservation.

Nous avons songé à résoudre cette question ; et, fort de nos travaux et des résultats que nous avons obtenus pendant plusieurs années, par d'incessants, de longs, de pénibles efforts et de nombreux sacrifices, nous venons avec confiance en offrir le fruit au public et lui présenter la solution du problème.

Nous le disons hautement : *Notre procédé ne prolonge pas pour quelque temps seulement la conservation du fromage de la Nord-Hollande*, IL L'ASSURE, POUR UN TEMPS ILLIMITÉ, *contre toutes les chances qui lui ont été jusqu'à ce jour funestes dans son état primitif. Non seulement il en assure la conservation, mais il ajoute à ses principes substantiels, et* LE FROMAGE GAGNE EN VIEILLISSANT.

Si ces faits sont vrais, on concevra facilement l'utilité et la portée d'une pareille découverte, et le parti que l'on en peut tirer par une large exploitation.

Ce n'est pas une IDÉE *seulement que nous soumettons au public, c'est une* RÉALITÉ, *un fait acquis, entouré de preuves accusant le positivisme le plus complet, et détruisant tout doute sur la bonté et l'efficacité de notre procédé.*

Ce compte-rendu a pour but de justifier ce que nous venons d'avancer avec la plus entière confiance.

Les lignes qui suivent suffiront, nous osons l'espérer, pour convaincre tous les lecteurs des soins que nous avons apportés à l'étude de la question qui nous occupe, et pour leur prouver que ce n'est pas sans l'avoir envisagée sous toutes ses faces que nous avons pris foi en l'avenir de notre innovation.

II

Considérations sur la conservation des substances alimentaires en général, et du fromage Hoornleys en particulier.

Il n'existe pas de substance alimentaire, soit animale, soit végétale. qui ne subisse dans son sein une certaine réaction de ses principes constituants les uns sur les autres, qui ne renferme, par cela seul, une cause de *fermentation*, d'altération, de décomposition et de corruption plus ou moins promptes. L'influence des agents extérieurs, tels que l'air, l'humidité, la chaleur, l'électricité, etc., activent toujours ce phénomène destructeur.

Tous les essais qui ont été tentés jusqu'à ce jour pour la conservation des aliments n'ont eu d'autre but que de les soustraire au funeste effet de ces agents extérieurs, et d'autres moyens qu'une dessication préparatoire, une certaine cuisson, une préservation extérieure de la matière par l'enveloppe plus ou moins hermétiquement fermée dont on l'entoure. Mais aucun, que nous sachions, avant nous, n'est encore parvenu à extirper le germe primitif du mal, en cherchant, par l'*addition d'ingrédients chimiques* étrangers au produit, à paralyser, jusque dans son sein même, les effets de cette réaction cachée des éléments intérieurs dont nous venons de parler.

La dessication, la cuisson préparatoires enlèvent aux aliments une partie des qualités qu'ils possédaient dans leur première fraîcheur ; et, quelque heureux que l'on soit, à certaines époques, dans certains lieux, de voir servir sur sa table des *conserves* variées, chacun convient que la plupart sont loin de rappeler au goût leur saveur primitive.

Il n'en est pas ainsi pour notre fromage, grâce à la *préparation chimique* que nous lui faisons subir, et dont le principal but est, comme on va le voir, de paralyser complètement, jusqu'au centre même du fromage, l'action réciproque et pernicieuse des éléments intérieurs les uns sur les autres, cause principale et permanente, nous le répétons, de l'altération spontanée de toutes les substances alimentaires. Ce point obtenu, nous préservons ensuite nos fromages des atteintes de l'atmosphère.

Un mot sur notre préparation :

Les fromages, comme chacun le sait, sont des aliments préparés avec le *caseum* (partie qui se caille), et le *beurre* (partie grasse) du lait, à l'aide de la cuisson ou de la compression pour les fromages secs, et de divers moyens pour les fromages mous, dont la variété est considérable.

C'est à la compression qu'est soumis le fromage de Hollande.

Le *caséum* et le *beurre* sont, l'un et l'autre, des composés multiples de divers principes (l'*azote*, la *margarine*, l'*oléine*, la *butyrine*, etc.).

Mais le lait peut contenir en outre de l'air dissous que la compression ne suffit peut-être pas à chasser complètement ; de là : la présence de l'*oxigène* dans le fromage.

De plus, le lait contient encore une partie séreuse (aqueuse), le petit lait, qui, persistant dans les pores que la

compression la plus forte laisse toujours subsister, y entre-
tient une certaine quantité d'*oxigène* et d'*hydrogène*.

La réaction de ces éléments les uns sur les autres produit,
dès les premiers jours de la confection de la pâte, une *fermentation* qui, variant suivant les circonstances, caractérise tel
ou tel produit. Le fromage est achevé (est *fait*, comme on
dit), lorsque cette fermentation est cessée et que la pâte en a
complétement ressenti les effets. Les principes fermentesci-
bles sont passés à l'état neutre, par une *combinaison* particulière des uns avec les autres, par une loi secrète de la
nature qui échappe encore à la science (1), et qui rétablit
entr'eux l'équilibre. Mais si, pour une cause ou pour une
autre, l'influence des agents extérieurs vient à rompre cet
équilibre, c'est-à-dire à dissocier les éléments qui se sont
combinés pour passer à l'état neutre, la réaction et la fermentation recommencent; et, si la matière n'est plus
susceptible d'en supporter de nouveau les effets, elle s'altère
et se gâte bientôt, et d'autant plus rapidement que sa qualité
première pouvait être inférieure (2).

Pour obvier à tous ces inconvénients et pour nous assurer
d'abord de la qualité première de nos fromages, *nous les
prenons sur les marchés mêmes de la Nord-Hollande ou dans*

---

(1) « Certaines substances chimiques mises en contact avec
» les matières organisées en arrêtent ou en empêchent la
» décomposition. Mais nous ne dirons rien ici du rôle ou de
» l'emploi de ces agents anti-septiques; les phénomènes aux-
» quels ils donnent lieu n'ont jamais pu être interprêtés scien-
» tifiquement d'une manière satisfaisante. »

    (*Louis Figuier.*) — *Les applications nouvelles de la science.*)

(2) Nous avons de fréquents exemples du retour de cette
fermentation, et, pour n'en citer qu'un, chacun sait que les
vins sont sujets à des troubles intérieurs, accidentels ou pério-
diques, que l'on désigne sous le nom de *Maladie des vins;* et
les bières, dit-on, subissent une modification dans leur essence,
à l'époque des fruits rouges.

les caves des producteurs ; nous les transportons dans nos ma-
gasins, et là, NOUS LES AMÉLIORONS, NOUS ACHEVONS LEUR
FABRICATION, NOUS AUGMENTONS LEURS QUALITÉS SUBSTAN-
TIELLES ET NOUS LEUR DONNONS LA PROPRIÉTÉ DE SE CONSERVER
PENDANT UN TEMPS ILLIMITÉ.

— Quel est donc notre secret ?

C'est d'avoir trouvé le moyen de faire passer dans l'intérieur des fromages certains *acides volatils* qui, à l'état d'*éthers*,
en pénétrent jusqu'aux moindres atomes, enlèvent au
caseum, au *beurre*, au *petit lait*, leurs principes fermentes-
cibles, ou du moins s'opposent désormais à leur action, en
les paralysant par l'effet produit de la coagulation des parties
aqueuses et de l'absorption des gaz.

Bien plus : Pour que ces éthers préservateurs demeurent
concentrés dans l'intérieur du fromage, et pour le soustraire aux influences atmosphériques, nous l'enduisons d'une
couche composée de certains ingrédients antiputrides, sur
laquelle nous appliquons avec soin une enveloppe de feuilles
métalliques impénétrable à l'air et à l'humidité.

Cette double préservation obtenue contre le *retour de la*
fermentation et l'action du milieu ambiant, LA CONSERVATION
DU FROMAGE EST ASSURÉE DANS SON ESSENCE. Il ne reste plus
qu'à le préserver contre les accidents du transport.

Ce but est atteint par les caisses modèles, à compartiments, dans lesquelles nos fromages, ainsi préparés, sont
ensuite renfermés, au nombre de douze, un par comparti-
ment. Ils y sont parfaitement assujettis, pour les préserver
des chocs qui pourraient leur nuire. Un approvisionnement
se fait par caisses, et chaque fromage ne doit être enlevé
de sa case que pour être livré à la consommation.

Cet emballage particulier répond certainement à tous les
besoins du commerce ; il offre une garantie de plus de conservation sous tous les rapports. Nous ferons ressortir plus

loin les nombreux avantages qu'on y pourra trouver, surtout dans les grands approvisionnements ou dans les livraisons considérables.

Comme toutes ces innovations caractérisent particulièrement notre produit au milieu de ceux de la Nord-Hollande, il a bien fallu lui donner un *nom propre*. Il est répandu dans le commerce, et il a été accepté à l'exposition sous le titre de FROMAGE HOORNLEYS, mot composé du nom (Hoorn) de la ville placée au centre même de la production, et de celui de l'inventeur du perfectionnement en question.

III

Propriétés du fromage Hoornleys authentiquement reconnues. — Récompenses à l'Exposition universelle de 1855. — . Pièces justificatives.

———

Notre procédé, avons nous dit, *non seulement conserve le fromage un temps illimité, mais il ajoute encore à ses propriétés substantielles, et le Hoornleys gagne en vieillissant.* Nous ajouterons que sa *consommation est économique relativement à celle du fromage ordinaire*, et nous répéterons que *son mode d'emballage présente des avantages tout particuliers.*

L'exposé que nous allons présenter à ce sujet, et les pièces justificatives qui le suivront ne laisseront, nous osons l'espérer, aucun doute dans l'esprit de nos lecteurs sur les avantages de notre procédé, *avantages constatés par les récompenses que nous avons obtenues à l'exposition universelle de 1855.*

PROPRIÉTÉS.

1° Conservation illimitée du Hoornleys. —
Nous ne sommes point en état de donner avec autorité la preuve scientifique de l'efficacité de nos préparations chimiques, aux-quelles nous avons été conduit par le hasard et l'observation.

Ce n'est pas la science qui a éclairé les travaux d'Appert et d'autres expérimentateurs qui, tout modestes qu'ils sont, n'en ont pas moins rendu un immense service à l'économie publique (1). Mais un savant chimiste, M. Gustave Cabany, a bien voulu faire l'analyse de notre produit, et son rapport constate ce que nous avons avancé.

En dehors de ce rapport scientifique, qui a été déposé lors de l'obtention de notre brevet, nous justifions de la conservation des fromages Hoornleys par le fait de leur conservation dans nos magasins depuis 1852, et par les livraisons que nous avons faites depuis la même époque et pour toutes les latitudes.

L'état de nos premiers fromages est parfait, et nous ne pouvons prévoir encore, après bientôt cinq années d'expérience, la limite que leur conservation peut atteindre.

Parmi une foule de faits que nous pourrions citer à l'appui de notre thèse, si nous ne craignions de lui donner une trop grande extension, nous choisissons les suivants :

A l'exposition universelle de 1855, où nos fromages figuraient au nombre de 25 types, dans une vitrine, ils ont pu,

(1) « Ce n'est que dans les premières années de notre siècle,
» en 1809, que l'on a découvert un procédé général, d'une va-
» leur inestimable, pour la conservation des substances ali-
» mentaires. Fruit de l'empirisme ou du hasard, cette méthode
» doit pourtant être citée comme l'une des plus belles acqui-
» sitions de la civilisation moderne.
» L'inventeur de ce procédé, qui s'inspira avec une sagacité
» profonde de moyens traditionnellement conservés dans
» quelques ménages, s'appelait Appert; il n'appartenait point
» à la classe des savants. En fait de titres scientifiques, il ne
» pouvait offrir que celui de *confiseur de la rue des Lombards*,
» qu'il relevait par la qualité, aussi peu académique, d'*élève de*
» *bouche la la maison ducale de Christian IV.* »

 (*Louis Figuier*) — (*Les applications nouvelles de la science.*)

pendant cinq mois, sans la moindre altération, résister à l'action incessante d'une atmosphère et d'une température qui passaient de l'un à l'autre extrême.

Un des types fut perforé par le jury qui, tous les quinze jours environ, venait voir comment il se soutenait. Il ne subit pas le moindre changement d'état, pas plus que ceux qui n'avaient pas été touchés.

Quelques jours avant la fin de l'exposition, le célèbre chimiste, M. PAYEN, qui nous a fait l'honneur de nous accorder un instant d'entretien, nous apprit que tous les fromages exposés avaient dû être enlevés, parcequ'ils s'étaient plus ou moins promptement gâtés sous l'influence de l'atmosphère du lieu, de l'excessive chaleur particulièrement, à la quelle le Hoornleys seul avait pû résister. M. PAYEN, voulut bien nous faire aussi le plaisir de nous apprendre que le Hoornleys avait été admis à figurer sur la table du banquet officiel du jury.

Le capitaine Kinfort, commandant du navire *Bonne Ste-Anne*, avait pris un chargement de 31 caisses de Hoornleys, en destination pour Alger. Par des circonstances diverses, qu'il relate dans une lettre que nous donnons aux pièces justificatives, il ne toucha au port africain que six mois après son départ de Dunkerque. Par suite d'avaries très-graves, il fut obligé de relâcher long-temps sur sa route ; nos fromages, pour le soin desquels il n'avait pris aucun engagement, furent exposés à toutes les intempéries de l'air, après le débarquement forcé des caisses ; et notre marchandise n'en arriva pas moins dans un état parfait de conservation. Nous pourrions citer plusieurs faits analogues et particulièrement pour un envoi fait à New-York, où nos caisses furent égarées et retrouvées intactes après plusieurs mois de séjour dans des magasins où nul autre fromage n'aurait, certes, pu se conserver.

Enfin, nous citerons les expéditions que nous avons faites pour l'Australie, où nos fromages sont toujours arrivés en parfait état, quel qu'ait été le temps de la traversée. Nous donnerons aux pièces justificatives la lettre de MM. Rottmann et Ce, négociants à Sydney, par laquelle il nous félicite sur les envois que nous lui avons faits et sur les succès que notre marchandise a obtenus sur la place. En Afrique, en Amérique, en Australie, etc., nos fromages ont toujours été cotés plus avantageusement que nous ne l'avions espéré, et qu'on est en droit de s'y attendre aux débuts d'une production nouvelle (1).

2° Augmentation des propriétés substantielles. — Nous attestons comme un fait d'expérience que notre préparation donne au fromage une augmentation notable en valeur substantielle : non pas qu'il ajoute un excès de nouvelle matière à la matière primitive, mais par un effet chimique qui développe cette propriété dans chacune des molécules ; et ceci peut facilement se concevoir. En effet : si un produit perd de sa valeur nutritive en se desséchant, ne peut-on pas admettre que l'évaporation dissocie de leur combinaison, et entraîne certains principes dont l'absence est la cause de cette perte ? Si notre préparation chimique a la propriété de s'opposer à toute dissociation des éléments, si elle les fixe, les concentre au contraire, et les conserve dans leur essence, notre produit, loin d'éprouver la moindre perte, augmente en qualité, et l'expérience seule peut fixer le rapport de cette augmentation.

3° Le Hoornleys gagne en vieillissant. — Cela tient à ce que les éthers concentrés dont nous avons parlé ont agi plus long-temps, qu'ils ont plus ajouté à l'es-

____

(1) Voir les pièces justificatives.

sence du fromage, et qu'ils lui ont donné une saveur particulière qui plait davantage.

4º La consommation du Hoornleys est économique. — Les frais de préparation n'augmentent le prix du fromage que de 6 %/ de son prix ordinaire ; mais, comme les propriétés qu'il acquiert font plus que de compenser cette augmentation, que sa valeur substantielle s'est accrue, et que, dans les mêmes conditions, on consomme moins de Hoornleys que d'autres fromages, il offre une véritable économie. Cette économie est même assez sensible dans les frais d'un ménage; mais si l'on considère, dans les grands approvisionnements, tous les déchets ordinaires qu'on évite par la conservation assurée de notre fromage, on reconnaîtra que, pour un commerçant en gros, un armateur, etc., l'économie qu'assure le Hoornleys est considérable.

5º Avantages du mode d'emballage. — On conçoit que notre mode d'emballage des fromages, par douze, dans des caisses à douze compartiments, les protège contre tous les accidents du transport. Il est nécessaire de l'adopter, car le transport ordinaire en bloc, en wrague, en caisses ou en tonneaux, détruirait bientôt, par le contact et le frottement des fromages les uns contre les autres, la couche d'ingrédients antiputrides et la feuille métallique dont nous les entourons pour éviter l'évaporation des éthers préservateurs. Mais ce mode offre encore de précieux avantages. Dans la méthode ordinaire de transport, et dans les grands approvisionnements, les fromages étaient extraits des caisses, des tonneaux, etc., et mis en magasin, pour y être soignés jusqu'au moment ou de l'embarquement ou d'une nouvelle livraison. De là des frais d'emmagasinage et d'entretien, des soins particuliers et incessamment nécessaires jusqu'au moment de la consommation.

Gardait-on les fromages en magasin? Ou bien on les

étalait sur des planches, ce qui demandait beaucoup de temps et d'espace ; ou bien on les disposait en tas qu'il fallait remuer souvent, pour qu'un fromage gâté ne propageât pas sa corruption. Les embarquait-on ? Il fallait nécessairement les remettre en caisses ou en tonneaux, et un seul fromage gâté compromettait tout le contenu.

Nos caisses, dans lesquelles les fromages sont isolés, les mettraient à l'abri de la contagion, quand bien même quelques-uns (si cela était possible) échapperaient à l'influence de nos moyens préservateurs. Mais conçoit-on tout l'avantage que l'on en peut retirer ? Nos fromages ne se gâteront pas, nous le certifions ; mais, s'en gâterait-il quelqu'un, comme on n'ouvre chaque caisse qu'au moment de la consommation, la gangrène n'ayant pu se propager, l'expurgation de la pourriture serait facile, et le reste de la caisse serait intact. De là, quelle économie évidente pour ceux qui savent quelle quantité d'approvisionnement ordinaire en ce genre se trouve perdue pour la consommation des équipages de la marine militaire et de la marine marchande ! Pour ceux qui savent que, en prévision des déchets considérables que l'on n'a pu éviter jusqu'à ce jour, l'armateur est obligé d'augmenter, dans une proportion très-notable, ces mêmes approvisionnements de bord.

Nos caisses reçues peuvent, sans être ouvertes qu'au moment même de la consommation, sans exiger le moindre soin, être emmagasinées dans tous les lieux possibles.

Donc : plus de soins pour le commerçant, pour l'armateur, pour le capitaine de navire ; plus de frais d'emmagasinage et d'entretien ; économie incontestable ; préservation contre les accidents du transport et contre la propagation de la corruption accidentelle d'un seul fromage (si, pour des causes imprévues et tout exceptionnelles, elle pouvait avoir lieu) ; inutilité d'ouvrir les caisses d'envoi et d'en vérifier le

contenu ; commodité de leur transport, de leur emmagasinement, de leur arrimage ; possibilité de les tourner dans
tous les sens, de les placer dans quelque lieu que ce soit, et
CERTITUDE D'UN APPROVISIONNEMENT RÉEL , *au lieu d'un approvisionnement trop souvent illusoire.*

Et, pour résumer en quelques mots les propriétés géné-
rales de notre produit : *les approvisionnements de fromages*
HOORNLEYS *présentent, sur ceux de fromages ordinaires de*
Hollande, d'incontestables et de précieux avantages, sous le rap-
port de la QUALITÉ, *de la* CONSERVATION, *de l'*ÉCONOMIE, *des*
SOINS *nécessaires à la marchandise* et de la FACILITÉ *de son*
transport par terre et par mer.

Nous verrons plus loin les AVANTAGES COMMERCIAUX que
l'on peut retirer de l'innovation dont nous entretenons le
public.

RÉCOMPENSES

Obtenues à l'Exposition universelle de 1855.

Le 15 Novembre 1855, comme exposant à l'EXPOSITION
UNIVERSELLE, il nous était décerné une MÉDAILLE DE BRONZE,
à la classe des *substances alimentaires*, et une MENTION HONO-
RABLE à celle des *produits agricoles*.

Puisque l'efficacité de notre procédé a été authenti-
quement reconnue par le jury de l'Exposition, nous ne
doutons pas que l'expérience ne la constate tous les jours
davantage et que le public n'accueille notre produit avec
faveur.

PIÈCES JUSTIFICATIVES.

Appréciations diverses sur le fromage Hoornleys.

M. Humel, négociant, Havre. — extrait de sa lettre du 7 Avril 1853 :

« J'ai reçu aujourd'hui seulement les marchandises que vous m'aviez annoncées pour mardi 29. Je vous félicite du bon conditionnement et des soins que vous apportez dans l'expédition.

» Comme je désire m'occuper activement de ce produit, qui me paraît appelé à être usité de préférence, et la qualité de la pâte répondant, etc. »

M. Neut, négociant, Californie.

« Je soussigné déclare que mon frère Émile Neut a acheté, le 25 Mai 1852, à M. Irénée Leys, une caisse de douze fromages Hoornleys, pour être transportée en Californie, à bord du navire *Indépendant*, et que, d'après une lettre du 31 Décembre de la même année, mon frère me fait connaître que les fromages Hoornleys sont arrivés à leur destination en parfait état de conservation. En foi de quoi j'ai délivré ce certificat pour donner satisfaction à qui il plaira.
» Dunkerque, le 20 Juillet 1853.

» Signé, NEUT, commis-négociant. »

M. G. Malo. — « Je constate que M. Émile Neut, qui travaillait chez moi avant son départ pour San-Francisco, a acheté à M. Irénée Leys une caisse fromages Hoornleys,

et que la signature ci-dessus est celle de son frère, attaché
à ma maison en ce moment.

» Dunkerque, le 25 Juillet 1853.

> » Signé, G. MALO. »

M. Maison, éditeur du *Cuisinier des Cuisinières*. —
Extrait de sa lettre du 7 Novembre 1853 :

« J'ai fait déguster par des connaisseurs le fromage Hoornleys, et, à l'unanimité, il a été déclaré supérieur au fromage
de Hollande connu jusqu'à ce jour. Il est moins humide,
moins mou ; d'un goût plus agréable, plus fin, et il doit se
conserver plus long-temps, avantage qui doit être apprécié à
sa valeur. »

M. G. Malo, négociant à Dunkerque. — Extrait d'un
certificat du 25 Juillet 1853 :

« J'ai goûté le fromage Hoornleys, et je lui ai reconnu
une qualité supérieure. »

M. Andot, éditeur de *la Cuisinière Bourgeoise*. — Extrait de sa lettre du 16 Novembre 1853 :

« J'ai reçu le fromage si richement habillé que vous m'avez
fait remettre. Je n'ai voulu vous accuser réception qu'après
avoir entamé ce beau globe, chose qui vient d'être faite.

» La pâte du Hoornleys est la plus excellente que j'aie
jamais goutée ; sa délicatesse le distingue de tout autre, et il
est même préférable au plus fin Gruyère ; le fameux Stetton
pourrait seul lui disputer le prix. En le dégustant, on ne peut
s'empêcher de dire qu'il est un peu salé, mais on n'en fait
pas un reproche, car on sent bien que ce petit condiment
ajoute beaucoup au plaisir de le déguster.

» Mais c'est surtout le vin de Champagne qui semble être chargé de le faire valoir; il prépare tellement le palais que le simple Jacquesson semble être devenu du brillant Mort ou du charmant Cliquot. »

M. Fortuné Coste, négociant, Alger. — Extrait de sa lettre du 24 Février 1854:

« J'ai le plaisir de vous annoncer la vente de 30 caisses Hoornleys précédemment reçues. Je n'ai pu les vendre au-dessus de 2 francs le kilo; ce prix ayant été pratiqué par une autre maison de cette ville, qui en avait reçu une assez forte partie, à peu près en même temps que moi.

» La qualité de cet envoi était satisfaisante, et si ceux qui se trouvent en route sont aussi bons et arrivent *aussi bien conservés*, j'ai l'espoir que le placement nous en sera facile. Je tacherai de relever leur prix, mais je ne puis rien promettre à cet égard; cela dépendra des quantités qui se trouveront à bord. »

M. Hanne fils, négociant, Pointe-à-Pitre (Guadeloupe). — Extrait de sa lettre du 27 Juin 1854:

« Quant à vos fromages, ils sont *très-bons* et parfaitement *conservés*, et je crois que vous pourrez sans danger me faire des envois plus importants, etc. »

M. Fortuné Coste, négociant, Alger. — Extrait de sa lettre du 24 Mai 1854:

« Vos caisses me sont arrivées en bon état et la marchandise ne paraissant pas avoir souffert de la longueur de la traversée. »

MM. Pedemonte & Cie, négociants à Alexandrie.— Extrait de leur lettre du 20 Septembre 1854 :

« Le navire étant arrivé le 15 courant, nous avons pu retirer aujourd'hui de la douane vos fromages, et nous en avons de suite fait ouvrir une caisse, pour en examiner la qualité et vous donner notre avis par ce bateau.

» Le conditionnement et l'emballage ne laissent rien à désirer ; la qualité en est très-satisfaisante. »

M. A. Bretocq, négociant, Paris. — Extrait de sa lettre du 6 Mars 1855 :

« J'ai trouvé votre enveloppe capsulaire métallique très-originale et très-ingénieuse.

» N'étant pas prévenu de ce que contenait cette enveloppe, personne ne pouvait le deviner. C'est un article de dessert d'un aspect si nouveau, qu'il est de nature à éveiller la curiosité générale ; c'est vraiment joli à l'œil.

» Quant au goût, je ne suis pas appréciateur : Je n'ai jamais aimé le fromage de Hollande, mais je ne doute pas de l'efficacité de votre ingénieux moyen de conservation. Je souhaite donc à votre nouvelle industrie tout le succès que méritent les efforts et les sacrifices que vous devez faire pour la répandre, sans parler de son utilité réelle et proprement dite. »

MM. Bérard & Berthoing, négociants, Oran. — Extrait de leur lettre du 18 Mars 1855 :

« Nous avons l'honneur de vous informer que nous avons reçu votre envoi, voie de Rouen, chargé le 17 Novembre 1854, et qu'il est arrivé dans un état parfait qui nous fait bien augurer pour son prompt placement. »

MM. Pedémonte & Cie, négociants, Alexandrie. — Extrait de leur lettre du 12 Novembre 1854 :

« Sans mettre en doute ni discuter avec vous les circonstances et les causes d'après lesquelles vous établissez que vos fromages doivent acquérir la préférence et un plus fort prix, à mesure que leur qualité supérieure à ceux de Hollande sera connue et appréciée par les détaillants et les amateurs, nous devons nous borner à nous référer à ce que nous avons dit par notre lettre du 21 Septembre dernier. Il est possible qu'avec le temps, lorsque leur qualité sera connue et appréciée, on parvienne graduellement à les vendre 5 fr. la forme ; nous ferons volontiers ce qui dépendra de nous pour y contribuer, et alors nous n'aurons pas de difficulté à vous le payer quelque chose de plus. »

M, J. Carlier, négociant, Bordeaux. — Extrait de sa lettre du 5 Décembre 1854 :

« J'ai vendu cinq caisses à un armateur qui m'en avait déjà pris deux caisses en Juin. L'échantillon ayant été trouvé satisfaisant, on est revenu, comme vous le voyez.

» J'ai également une bonne nouvelle à vous donner : c'est qu'une autre grande maison, qui m'en avait pris huit caisses en Avril comme échantillon et essai, vient de recevoir de son capitaine un rapport satisfaisant sur la qualité de vos fromages ; nous devons donc nous attendre à quelques livraisons avec ces deux maisons en temps et lieu. »

MM. R.-R. Férices & Cie, négociants, Havane. — Extrait de leur lettre du 10 Mars 1855 :

« Nous sommes charmés de pouvoir vous confirmer dans votre opinion, que votre article, par sa préparation spéciale, ne souffre pas sous l'impression de notre climat chaud, car votre envoi est arrivé ici dans un état qui ne laisse rien à désirer, et nous avons bon espoir que notre prochaine vous portera un compte de vente qui vous sera assez satisfaisant. »

MM. Loehner, Salzani fils & Cⁱᵉ, négociants, Smyrne. — Extrait de leur lettre du 5 Mai 1855 :

« Ce n'est que récemment que nous sont parvenus vos échantillons de fromage Hoornleys ; nous les avons fait voir à nos détaillants ; mais comme ils ont leur routine pour le fromage hollandais, il n'est pas facile de leur faire comprendre l'avantage qu'il trouveront en vendant un fromage qui se conserve bien. »

MM. Egbhardt, Rottmann & Cⁱᵉ, négociants, Sydney. — Extrait de leur lettre du 30 Décembre 1854 :

« Inclus nous avons l'avantage de vous remettre compte de vente aux deux caisses fromages que vous nous avez expédiées en consignation par le *Georges-Cuvier*.

» C'était un échantillon insuffisant pour faire connaître l'article à tous les principaux épiciers en particulier, et, dans ces conditions, nous avons pensé que la vente publique était le meilleur en même temps que le plus économique moyen d'en établir la réputation ; ces sortes de ventes réunissant ici la majeure partie des acheteurs.

» Deux fromages, selon nos instructions au commissaire-priseur, furent coupés et offerts à tous pour les goûter. L'un de nous se promenait dans les groupes et eut la satisfaction d'en entendre l'éloge de la bouche de tous. Le prix obtenu, au reste, est plus éloquent que tout ce que nous pourrions ajouter à ce sujet, et nous n'avons qu'un regret : c'est que vous n'ayez pas cru devoir aborder notre marché plus har-

diment. En effet, par le dernier prix-courant de cette place,
que nous vous envoyons, vous verrez que le Hollande première qualité est coté à 8 ou 9 ℔, tandis que votre article a
obtenu 12 ¹/₂ ℔, et se fut sans doute mieux payé encore si
nous avions eu dans les mains une quantité qui nous eût
permis des frais d'avertissement préalable dans les journaux,
pour le faire mousser comme il convient dans tout pays an-
glais, à l'égard d'un article nouveau que l'on désire implan-
ter. »

MM. Piter Riccomini & Cⁱᵉ, négociants, Livour-
ne. — Extrait de leur lettre du 23 Mars 1855 :

« Le 14 courant, nous avons reçu heureusement le premier envoi des cinq caisses fromages Hoornleys en 60 pains
et bien conditionnés. Nous avons vérifié la qualité de vos
fromages et elle est très-bonne ; mais le prix en étant fort
élevé ne peut convenir pour cette place, à moins que vous
ne vouliez les passer presque au prix de ceux de Hollande, en
y ajoutant 15 francs de plus sur les 3 à 100 nze, attendu que
le votre est de meilleure qualité. »

M. Hanne fils, négociant, Pointe-à-Pître (Guadeloupe).
— Extrait de sa lettre du 12 Mars 1855 :

« Comme je vous l'ai déjà dit, vos deux envois de fromages me sont arrivés en parfait état. »

M. G. Moulonguet. — « Je, soussigné, capitaine du
navire *Louisa*, parti de Cherbourg pour la Havane le 20
Janvier dernier, reconnais avoir eu, pour ma provision, des
fromages Hoornleys, préparés par M. Irénée Leys, de Dunkerque, et avoir été on ne peut plus satisfait de leur bonne
qualité et conservation.

» Je mangeais, au retour, mon dernier fromage sur la rade du Havre aussi bon et aussi bien conservé que le jour de mon départ.

» En foi de quoi j'ai délivré le présent pour servir à qu_i de droit.

» Havre, le 16 Juillet 1855.

> Signé, G. MOULONGUET. »

Vu par nous, Maire de la ville du Havre, pour légalisation de la signature apposée ci-dessus.

En l'hôtel-de-ville du Havre , le 29 Août 1855.

Signé, MAIRE, adjoint.

M. Delbecque. — « Ayant embarqué à Dunkerque, à bord du navire *Jean Bart*, douze caisses fromages Hoornleys, en destination de Penang et Singapore, je me plais à certifier que tous ces fromages y sont arrivés en parfait état, et ayant conservé toute la saveur et la fraîcheur qu'ils possédaient au moment de l'expédition.

» Dunkerque, le 3 Octobre 1855.

» Le capitaine du *Jean Bart*,

Signé, DELBECKE. »

Le Maire de Dunkerque certifie que la signature apposée ci-dessus est celle de M. Delbecque, capitaine au long-cours, domicilié en cette ville.

Dunkerque, le 5 Octobre 1855.

Signé, J. DELELIS.

MM. Suquet frères, négociants, Toulon. — Extrait de leur lettre du 8 Mai 1856 :

«....Son opinion personnelle est celle-ci: Il est incontestable que la conservation est d'une bien longue durée, car depuis *neuf mois* que vous nous avez fait votre envoi, et que une des caisses est restée très-exposée au vent, il a trouvé que vos durs, qu'il a goûtés, étaient intacts et parfaitement conservés.

» Vos fromages n'ont pas cet inconvénient que l'on rencontre dans bien des fromages de Hollande ; nous voulons parler de la gerçure qui est commune en général chez ces derniers, et, en outre, de leur pâte, que l'on pétrirait de nouveau, tandis que les vôtres sont bien pleins et la pâte est bien ferme.

» Nous trouvons aussi que la croute des vôtres ne se détériore pas. Quant à leur goût il est irréprochable.

» Tous ces avantages réunis pourraient, nous pensons, vous procurer un certain débouché sur notre place avec l'administration de la marine, etc. »

MM. Richard, Duvallet & Cie, négociants, Alger. — Extrait de leur lettre du 19 Juin 1856 :

« Votre lettre du 7 Juin est entre nos mains. Nous avons aujourd'hui la satisfaction de vous annoncer l'arrivée du navire *Bonne-Sainte-Anne*, qui, après cinq mois de grosses avaries qui ont nécessité 10,000 fr. d'emprunt à la grosse, a enfin gagné notre port.

» On nous fait craindre qu'après un aussi long séjour à bord vos fromages ne soient pas en parfait état, etc. »

— Extrait de leur lettre du 30 Juin 1856 :

« Nous avons la satisfaction de vous annoncer que les 31 caisses reçues *se sont trouvées en bon état* (1). Favorisés par l'absence de fromages de Hollande en bonne qualité, nous avons pu vendre sur le champ les trois quarts de cet envoi. »

(1) Ces caisses ont été embarquées à Dunkerque le 20 Décembre 1855 et débarquées à Alger le 15 Juin 1856.

IV

Conséquences Commerciales de l'Exploitation du Hoornleys.

Il est bien clair que l'importance commerciale d'une denrée quelconque grandit proportionnellement à sa consommation ; et celle-ci croît et se généralise d'autant plus, que le perfectionnement de la substance alimentaire est plus parfait et que sa conservation est mieux assurée.

Consommation ordinaire. — Or, le Hoornleys, par la supériorité de sa qualité, par la garantie de sa conservation, tendra toujours, de plus en plus, à se substituer à l'ancien fromage de la Nord-Hollande, sur la table du riche et sur celle du pauvre ; et un certain débit lui est assuré dans l'usage journalier des ménages. Cependant, ce n'est pas sur ce point que nous fondons nos espérances de succès les plus grandes : les arrivages étant assez prompts et la conservation des fromages ordinaires assez longue pour les besoins de la consommation des contrées européennes.

Exportation pour les pays d'outre-mer. — C'est surtout pour les exportations lointaines que le Hoornleys l'emporte sur tous ses congénères. L'importance de notre produit est tout-à-fait notoire pour l'approvisionnement des Colonies, qui, pour éviter les déchets si nombreux qu'elles ont éprouvés jusqu'à ce jour sur les fromages de la Nord-Hollande, dont elles font une très-grande consommation, leur préfèreront nos fromages préparés et garantis. Les demandes des colons croîtront avec la connaissance des qualités de nos produits ; et ceux-ci pénétreront dans des contrées lointaines dont on n'avait pu songer jusqu'à présent à fournir les marchés.

« Cette question de l'approvisionnement des Colonies » nous disaient dernièrement encore quelques capitaines au long-cours, « est pour vous de la plus haute importance. » Pour qui en connaît les besoins et les usages, il est certain » que vos produits y seront sérieusement appréciés et vive- » ment recherchés. Dès qu'il sera reconnu que vos fromages » peuvent s'y manger aussi bons que sur les lieux de pro- » duction, ils deviendront, à n'en pas douter, un aliment » général et journalier. »

Une exportation sur une grande échelle sera donc la conséquence naturelle de cet état de choses.

Approvisionnements de bord pour les marines marchandes. — Les armateurs et les capitaines de navire sont particulièrement intéressés au succès du Hoornleys. Le fromage de la Nord-Hollande est une partie intégrante de leurs approvisionnements de bord; mais les déchets, que l'expérience de chaque jour leur a fait constater sur les produits ordinaires, les obligent à acheter une bien plus grande quantité de fromages qu'ils ne le feraient si leur conservation était assurée ; et, de plus, ils doivent donner des soins journaliers à leur approvisionnement en ce genre. Ces soins ne suffisent même pas, malgré l'approvisionnement *forcé* au début d'une expédition de longue durée, à assurer l'alimentation des équipages au retour de la campagne. L'attération progressive des fromages leur donnant bientôt un mauvais goût, quand bien même elle n'oblige pas encore le capitaine à jeter à la mer sa provision en masse, le matelot le fait en détail en lançant par dessus le bord sa ration de chaque jour. Ce fait est reconnu de tous les marins.

Donc : Une triple raison d'*économie* pour l'armateur, de *dispense de soins* pour le capitaine, et de *bien-être* pour l'équipage, assure au Hoornleys un écoulement certain dans les approvisionnements de toute marine marchande, où il est appelé à remplacer complètement les produits de la Hollande employés jusqu'à de jour.

De là une extension nouvelle et des plus sérieuses pour notre exploitation.

Approvisionnement de bord pour les marines militaires. — Les avantages que présente le Hoornleys pour la marine marchande sont bien plus grands encore pour la marine militaire. Les approvisionnements de celle-ci, en fromage de Hollande, sont si considérables, que la perte occasionnée par les déchets ordinaires se résume en une somme énorme, qui fait ressortir davantage l'importance de l'économie que l'emploi du Hoornleys, d'une conservation garantie, peut apporter au profit de l'état.

Cette économie s'augmente encore, d'une façon très-notable, de toute celle des frais nombreux d'emmagasinage, d'entretien, d'emballages successifs, d'approvisionnement forcé, et de personnel, que le Hoornleys rend désormais inutiles.

Les pertes, repétons-le, que l'administration de la marine a subies jusqu'à ce jour, sur ses approvisionnements en fromages, sont incalculables !

Elle adopte, en général, pour les fournitures dont elle a besoin, le mode d'adjudication au rabais. C'est ce qu'elle a toujours fait pour les fromages de Hollande ; mais les exigences, les rigueurs du cahier des charges, laissent penser volontiers qu'elle a eu constamment à se plaindre de ses approvisionnements en ce genre; et l'on peut même dire que le fait est reconnu de tous.

C'est qu'il est facile, en effet, de donner à des fromages de mauvaise ou de médiocre qualité toutes les apparences extérieures des bons échantillons, et de tromper l'œil des contrôleurs à la réception de la fourniture.

Tel se rendra adjudicataire au rabais là où la fraude est possible, qui ne souscrira aucun engagement s'il ne peut tromper sur la qualité ou sur la quantité. Tel autre opposera aux reproches mérités ou aux poursuites de l'administration, en cas de déchets imprévus, une fin de non recevoir, une prétendue justification, un semblant de défense, basés sur de vaines raisons, sans qu'on en puisse peut-être démontrer la fausseté. Il attribuera tous ces mécomptes de l'administration à l'influence des lieux où la marchandise aura été emmagasinée ou arrimée, et à toutes les circonstances particulières où elle aura pu se trouver dans le cours d'une campagne ; il arguera d'un défaut de soins, d'un accident bien souvent sans effet ; en un mot: il se servira de tout pour jeter un voile sur la fraude.

De pareilles déceptions, de semblables démêlés sont-ils possibles avec l'emploi de notre produit ? Non, sans doute, puisque sa conservation est garantie contre toutes les chances qui ne sont pas d'une nature tout à fait exceptionnelle et impossible à prévoir. A son sujet, point de vaines excuses : Le Hoornleys, après la navigation de la plus longue durée possible, sous toutes les latitudes, doit se trouver, au moment du retour, aussi bon et meilleur même qu'au moment du départ, en dépit de toutes les circonstances fâcheuses que la prévision humaine peut déterminer.

En invoquant ce qui précède, pouvons-nous douter un seul instant que l'administration de la marine, éclairée sur toutes les propriétés et les avantages du Hoornleys, ne l'adopte

bientôt pour ses approvisionnements de bord, exclusivement
à tout autre fromage ? Non, certainement ; et, dès-lors, ne
peut-on pas prédire à notre produit le plus grand et le plus
certain des succès ? (1)

**Approvisionnement pour les armées de
terre.** — Ne pouvons-nous pas espérer aussi que l'administration de la guerre trouvera, tôt ou tard, de suffisantes
raisons pour mettre également le Hoornleys au nombre des
rations distribuées aux troupes en campagne, et même, dans
certains cas, aux troupes en garnison ou dans les camps ?
Les soins que le Gouvernement prodigue à juste titre à
notre armée, la sollicitude du Chef de l'Etat pour nos braves
et glorieux soldats, nous feront certainement trouver encore
dans cette direction un écoulement nouveau pour nos produits.

**Extension de la fabrication du fromage
en Hollande.** — Notre procédé de perfectionnement et

(1) L'administration de la marine a fait, dans les ports de
Toulon, Rochefort, Lorient, Brest et Cherbourg, des approvisionnements en fromages de la Hollande, dont l'importance
s'est élevée, en 1854 à 230,000 kilos, et en 1855 à 250,000 kilos.
Ces quantités sont celles qui sont sorties des magasins des
subsistances, pour être délivrées aux bâtiments. Elles n'ont
pas été suffisantes, puisque l'administration a dû faire, en
cours de campagne, des acquisitions supplémentaires, en pays
étranger (1).
Nous devons ignorer quels ont pu être les déchets qu'ont
supportés ces approvisionnements qui, pour la plupart, ont,
en raison des circonstances de guerre, été fort pressés ; mais
nous ne doutons pas qu'ils n'aient dû être très-considérables,
par la force même des choses; sans qu'il soit dans notre
pensée de suspecter la bonne foi de personne. L'administration, qui seule en a la connaissance, pourra juger de l'op-
portunité, dans des circonstances analogues, d'un produit
d'une conservation infailliblement assurée et positivement
garantie.

(1) Nous n'avons pu nous en procurer le chiffre: Il est avéré que, chaque
année, la marine est obligée de recourir à de pareils suppléments.

de conservation devant exercer une influence générale sur le commerce des fromages de la Nord-Hollande, ce pays en ressentira les plus heureux effets.

Une industrie importante, l'éducation du bétail, qui a pour annexe la fabrication du beurre et du fromage, révèle, dans cette contrée, une tendance de progression commerciale en ce genre, dont le germe fructifie sous l'action bienfaisante des COLLÉGES D'AGRICULTURE.

Ces colléges ont pour mission de vivifier le sol et de lui faire rendre le plus possible. Le lac de Harlem, qui vient d'être desséché et livré à la culture après tant de difficultés et de sacrifices, est la preuve évidente de l'esprit qui dirige les actes de cette association d'hommes de mérite, dévoués à la chose publique, qui poursuivent avec ardeur l'œuvre de leurs ancêtres : La conquête des terres sur les eaux.

L'élève du bétail, la fabrication du beurre et du fromage sont, dans la Nord-Hollande, dans une voie incontestable de progrès ; et, dans ces derniers temps, elle a produit 10 à 12 millions de kilogrammes de fromages. *L'extension de placement que produira le Hoornleys multipliera incessamment cette fabrication. Elle aura même pour conséquence naturelle l'amélioration générale des produits apportés sur les marchés;* car, le Hoornleys tendant toujours à se substituer de plus en plus aux produits ordinaires, comme nous ne faisons subir de préparation qu'aux fromages de qualité supérieure, le producteur, pour trouver un écoulement certain à sa marchandise, cherchera à l'améliorer sans cesse.

Les Hollandais ont senti depuis long-temps la nécessité d'un procédé de conservation pour leurs fromages, car ils ont tenté sans succès un très-grand nombre d'essais. Nous avons étudié tous leurs moyens, qui varient aux caprices des expérimentateurs, et qui non seulement ne remplissent pas le but, mais prêtent dès l'abord le flanc à la critique. On en jugera par le fait suivant que nous choisirons entre tous ses analogues.

Un négociant d'Amsterdam nous disait que, pour arriver à conserver ses fromages, il leur faisait subir une chaleur graduée, jusqu'à ce qu'ils eussent perdu le quart de leur poids et qu'ils eussent acquis la dureté de la pierre. « Dans cet état, ajoutait-il ingénuement, ils peuvent supporter les plus longs voyages ; mais, malheureusement, on est obligé de les raper pour les pouvoir consommer ! »

Ce négociant n'exportait pas moins une assez grande quantité de ses *fromages-pierres* pour les colonies ; ce qui prouve, comme nous l'avons dit ailleurs, qu'on y prise beaucoup le Hollande dit *Tête de Maure* et qu'on attache un grand prix à sa conservation.

On comprendra toute l'importance de notre innovation pour la Hollande par les lignes qui suivent :

Un courtier de Rotterdam, à qui nous exposions tous les avantages de notre procédé, voulut bien nous dire que nous étions appelé à rendre un grand service au commerce hollandais ; car, ajoutait-il, « on ne sait combien il perd sur ses fromages, et je suis occupé, en ce moment, à ce sujet, à liquider une affaire qui a donné 87 pour 100 de pertes ! »

Ne sommes-nous pas en droit de dire que chacun, en Hollande, applaudira, tôt ou tard, aux progrès de notre industrie, et que nous trouverons là une source inépuisable de succès ?

Commerce du fromage et garanties. — Si l'on a bien pesé toutes les considérations que nous avons développées jusqu'ici, on concevra facilement quelle *facilité* notre innovation apporte aux transactions commerciales. La conservation de nos produits est assurée ; le commerçant n'ayant à craindre aucun déchet, peut compter sur tous ses calculs d'intérêt. Notre mode de livraison par caisses uniformes, dont chacune porte l'inscription d'un numéro d'expédition, d'un numéro d'ordre, de son poids en fromages et de son poids total, évite tous soins et toute perte de temps. Elles se prêtent merveilleusement à tous les genres d'emmagasinement et d'arrimage. Leur contenu n'a pas besoin d'être vérifié, car, l'évaporation de la matière étant insensible, son poids ne varie pas; et la caisse ne doit être ouverte qu'au moment même de la consommation.

Un nouvel avantage essentiel à faire remarquer est celui-ci :

On a vu très-souvent, et surtout sur des points éloignés, que, par suite de l'arrivée successive de plusieurs navires, une même marchandise est jetée à profusion sur la place ; qu'elle subit alors une baisse de prix considérable. Cette dépréciation est la plus grande lorsque cet encombrement a lieu pour les substances alimentaires susceptibles de s'altérer. Les fromages ordinaires sont plus particulièment dans ce cas; le détenteur sent la nécessité de se défaire, au prix même d'un grand sacrifice, d'une marchandise qu'il risque de perdre tout à fait en la conservant plus longtemps.

Combien la position du détenteur de fromages de la Nord-Hollande sera changée, quand il ne s'approvisionnera que de Hoornleys, dont la conservation illimitée lui permettra d'attendre le moment opportun pour la vente.

Ce n'est pas tout encore : et, maintenant, nous voulons faire ressortir la *garantie* que notre innovation offre au commerçant contre la mauvaise foi d'un consignataire ou d'un correspondant prévaricateur.

Combien de fois un négociant, après avoir expédié sa marchandise sur un lieu éloigné, n'a-t-il pas reçu de quelque commettant, dont la moralité ne lui était pas suffisamment

connue, la déclaration que la marchandise avait été trouvée
avariée, quand il n'en était rien; et que sa vente n'avait produit qu'une somme minime, insuffisante même pour couvrir
les frais qu'elle avait pu entraîner ! Que d'abus ont engendrés ces actes préjudiciables, lorsqu'il n'était pas possible
ou trop difficile au commerçant d'en découvrir la trame, et
de prouver et de poursuivre la culpabilité du mandataire
infidèle ? En un mot : que de portes ouvertes à la cupidité
et à la chicane, lorsque la distance des lieux de destination,
leur légistation, ou toute autre cause s'oppose à de justes
poursuites, et lorsque surtout la marchandise, par la possibilité reconnue de son altération, est de nature à jeter du
doute sur la valeur d'une accusation ? — En ce qui concerne
les fromages, de pareils conflits ont dû s'élever souvent. Le
Hoornleys, par sa conservation incontestable, les rend désormais impossibles; il donne aux commerçants une garantie
certaine contre la mauvaise foi d'autrui, et s'assure par là
une préférence bien légitime sur tous les produits du même
genre (1).

(1) Par la voie de Marseille, nous eûmes l'occasion de faire
parvenir en Algérie deux petits envois de dix caisses Hoornleys, chacun pour une destination différente. Les 20 caisses
portaient la même marque, provenaient de la même fabrication ; l'identité était parfaite. D'un côté, il nous fut accusé
bonne réception ; et l'on obtint 400 fr. nets des 10 caisses.
De l'autre, l'accusé de réception se fit attendre long-temps; et,
en fin de compte, on nous fit savoir que notre marchandise
était arrivée gâtée et que le prix de vente avait été absorbé
par les frais. Tout ceci accompagné de semblants de preuves
dont il fut très-facile de reconnaître la fausseté. On ne connaissait pas l'inaltérabilité de notre produit, et l'on avait cru
nous rendre victime d'une coupable tactique qui avait pû
réussir dans d'autres occasions. Une enquête prouva qu'on
s'était étrangement trompé. On conçoit qu'elle eut bien moins
en vue la récupération des deniers frustrés que la confusion
du coupable.

V.

Brevets pris en Hollande, en France, etc.

Pour conserver la propriété de notre invention, nous avons dû naturellement la mettre sous la protection des lois de divers pays , par l'obtention d'un certain nombre de brevets.

Les brevets, dans la plupart des pays, comme en France, en Angleterre, en Belgique, ne se refusent pas. L'inventeur les obtient à ses risques et périls : C'est à lui d'être certain de la nouveauté et de l'importance de son invention, dont le brevet ne garantit en rien le mérite.

Il n'en est pas de même en Hollande : Le Gouvernement accorde ou refuse les brevets d'après l'avis de *l'Académie des sciences*, préalablement appelée à juger de la nature et de la valeur de l'invention.

Notre procédé ayant obtenu la sanction de ce corps savant, se trouve, par cela seul, recommandé à l'étude et à l'appréciation de tous. Mais qu'il nous soit permis de faire ici quelques réflexions, dans le but de faire ressortir encore davantage le prix que nous attachons au brevet que nous avons obtenu du Gouvernement hollandais.

Notre invention s'appliquant à un produit qui, de temps immémorial, est resté stationnaire, en ce qui concerne sa fabrication et son exploitation, nous devions redouter tous les obstacles que la routine se plait à semer sous les pas de

tout innovateur; nous avions à vaincre cette incrédulité
systématique, qui n'est que l'expression de l'appréhension
des intérêts qui se croient compromis par une nouvelle
découverte ; nous avions à lutter contre cette rivalité qui
s'établit toujours entre les producteurs, les commerçants
qui exploitent le même objet; contre cet esprit d'opposi-
tion, qui tend à repousser l'inventeur étranger, à créer, pour
ainsi dire, une ligue contre lui.

Pour renverser tous ces obstacles, ne devions-nous pas
avoir mille fois raison? Notre conviction dans l'excellence
de notre procédé, notre foi dans son avenir nous ont soutenu
jusqu'au bout, au milieu des plus constants efforts, des
contrariétés les plus vives, des sacrifices les plus grands....
Et ce n'est qu'après bientôt trois années de persévérance que
nous avons enfin obtenu notre brevet en Hollande.

Au mois de Mai 1853, nous adressions notre première
demande, que nous eûmes le regret de voir rejeter sous
prétexte que notre invention n'avait pas toute l'importance
que nous voulions bien lui donner. Il nous fallut donc trouver des raisons plus puissantes pour convaincre les esprits,
qui, en définitive, n'ont pû résister à l'évidence des faits,
lorsque le temps et l'expérience acquise sont venus, à leur
tour, plaider la cause de notre invention et nous valoir notre
brevet le 5 Septembre 1855.

C'est pour nous un devoir d'exprimer ici toute notre gra-
titude aux membres de l'Académie des Sciences qui ont bien
voulu nous accorder leur attention. Qu'il nous soit particulièrement permis de témoigner la plus profonde reconnais-
sance à M. SIMMONS, président de cette Académie et aujour-
d'hui ministre de l'intérieur, pour l'accueil bienveillant qu'il
a daigné nous faire, pour l'intérêt qu'il nous a témoigné dans
l'audience que nous avons eu l'honneur d'obtenir de lui.

VI

Compagnie Hollando-Française.

Si nous sommes parvenus, par cet exposé, à convaincre les esprits de l'importance de notre invention, ne devons-nous pas conclure à l'urgence de son exploitation sur une grande échelle ?

Cette exploitation, si elle est favorisée par des capitaux suffisants, ne doit-elle pas devenir des plus considérables ? Ne promet-elle pas des bénéfices nombreux et incontestables ?

Organisation d'une compagnie Hollando-Française. — Notre but est donc d'organiser une compagnie pour l'exploitation de notre brevet; et, pour cela, de faire un appel aux producteurs, aux négociants, aux capitalistes, qui pourraient trouver notre entreprise à leur convenance, et s'associer avec nous pour lui donner, dès l'abord, toute l'extension dont elle est susceptible.

Pour l'organisation de cette compagnie, qui prendra le titre de COMPAGNIE HOLLANDO-FRANÇAISE, nous formons une SOCIÉTÉ EN COMMANDITE, au capital de *un million* de francs, divisé en *deux mille* ACTIONS *de cinq cents francs*.

Ce capital doit répondre aux affaires que la compagnie est appelée à traiter. Nous avons dit que la Hollande du Nord produisait dix à douze millions de kilos de fromages ; il est facile de concevoir quelle large part de cette production absorbera notre exploitation. En portant à 4 millions de francs le chiffre de nos affaires, lorsque notre entreprise aura pris toute son extension, nous sommes certains de ne pas être en dehors de la vérité (1).

Considération en faveur de l'exploitation en Hollande. — Il est une considération toute commerciale à la quelle nous ne saurions déroger : On ne peut prétendre à une large exploitation d'un produit qu'en la formant au centre de la production, afin d'en retirer tous les bénéfices qu'elle peut rendre. *Nous devons donc exploiter notre brevet en* HOLLANDE *même.*

Notre installation en France n'a été que provisoire ; avant de quitter notre pays, nous devions attendre que notre produit fût suffisamment connu et apprécié. Aujourd'hui que nous avons atteint ce but, nous ne devons plus hésiter, car il s'agit maintenant d'exploiter en grand et de livrer la marchandise au plus bas prix possible. Or, sur ce dernier point, nous ferons remarquer que les frais de douane, qui sont de 12 %, et les frais de transport, qui s'élevaient à 6 %, grevaient notre produit d'une augmentation de 18 %. Cette augmentation, pour les livraisons faites en France, n'était que le tribut ordinaire de toute importation ; mais payer ce tribut sur des matières que l'on n'introduirait en France que pour les transformer, les exporter ensuite et les livrer à la consommation étrangère, devient inadmissible.

Delà : la nécessité de nous fixer en Hollande.

Siège de la compagnie à Hoorn. — Il s'agissait

(1) Nous pourrions, si nous y étions autorisé, citer telle maison de Médenblick qui, à elle seule, fait trois millions d'affaires annuelles en fromages ordinaires.

donc pour nous de choisir un point central pour nos opérations. Nos excursions et nos études à ce sujet nous ont désigné la ville de Hoorn avantageusement placée sur le Zuyderzée.

Dans cette ville, à la fin du XVIIIe siècle, a été établie une succursale de la Compagnie des Indes-Occidentales, qui fût dissoute à l'époque de la réunion de la Hollande à la France, sous le premier Empire. Les établissements créés pour cette succursale nous seront concédés par l'administration locale. Leur situation est parfaitement en harmonie avec les besoins de notre exploitation. Ils se trouvent placés, sur une langue de terre, entre le port intérieur et la mer. Le port intérieur communique par de nombreux canaux particuliers avec les villes qui ont, chaque semaine, leur marché de fromages ; et le Zuyderzée est lui-même en communication directe avec Amsterdam, par le canal de l'Y, avec Rotterdam, Anvers, etc., par d'autres canaux ; ce qui donne la plus grande facilité, la plus complète sûreté à l'arrivage de nos approvisionnements et à leur expédition journalière.

Comptoir à Paris. — Notre Compagnie étant une SOCIÉTÉ *Hollando-Française* dont le SIÉGE se trouve en Hollande, il est nécessaire d'établir un COMPTOIR à Paris, dans l'intérêt des associés français. C'est ce qui sera prochainement mis à exécution.

Statuts de la société. — Les statuts de notre société ne présentant rien de particulier et se trouvant les mêmes que ceux de toute compagnie analogue, il est inutile de les donner ici en détail.

Les avantages réservés aux actionnaires sont ceux que présente une association sérieuse et qui se résument ainsi :

6 p. % garanti au CAPITAL ; 75 p. % des *bénéfices nets* et une part proportionnelle dans l'*actif* de la compagnie.

5 p. °/₀ des *bénéfices nets* sont appliqués au FONDS DE RÉSERVE, et 20 p. °/₀ à la GÉRANCE.

Le conseil de surveillance est nommé par les ACTIONNAIRES.

Nous tenons à la disposition de tous ceux qui voudront bien nous faire l'honneur de nous les demander, tous les renseignements qu'ils pourront désirer (1).

Dunkerque, le 15 Août 1856.

IRÉNÉE LEYS.

(1) S'adresser à M. Irénée Leys, Dunkerque (Nord), France.

TABLE.

Dunkerque. — Typ. de Vanderest, place Napoléon, 2.

www.ingramcontent.com/pod-product-compliance
Ingram Content Group UK Ltd.
Pitfield, Milton Keynes, MK11 3LW, UK
UKHW022213070726
13613UKWH00004B/1637